Asumir lo efímero de la existencia

Viktor Frankl

Asumir lo efímero de la existencia

Traducción de
Manuel Cuesta

Herder

Conferencia pronunciada por Viktor Frankl, el 23 de octubre de 1984 en Dornbirn.
Fue transcrita y editada por Franz Vesely en abril de 2022.

Título original: Bewältigung der Vergänglichkeit
Traducción: Manuel Cuesta
Diseño de la cubierta: Gabriel Nunes

ISBN: 978-84-254-4974-1

Imprenta: Sagràfic
Depósito legal: B-14.538-2022
Printed in Spain - Impreso en España

Herder
www.herdereditorial.com

Doctor Köb, señoras y señores:

Les doy las gracias por su amable recibimiento y quisiera empezar señalando que hoy no vamos a ocuparnos de cómo lidiar adecuadamente con el *pasado,* sino con lo *pasajero.* Es decir, que no vamos a hablar de la superación del pasado —ni siquiera de la del propio pasado—, sino de cómo el ser humano está en condiciones de asumir lo efímero de su existencia, lo efímero de la vida, o sea, de cómo puede hacerse a esa condición efímera y asimilar que la vida humana es esencialmente pasajera. Vamos a hablar, más exactamente, de cómo el ser humano llega al punto de poder decirle «Sí» a la vida a pesar del carácter efímero de esta, de cómo logra darle a la vida una respuesta afirmativa a pesar de su propia condición mortal.

Pues bien, ante la muerte, la vida ha de ser dejada atrás. Pero no podemos olvidar que la propia vida es un continuo morir, un continuo morirse de algo de lo cual —o de alguien de quien— nos hemos encariñado. Podríamos decir que la vida del hombre es un continuo decir adiós. Y no solo en el sentido de las capacidades de trabajar y disfrutar —los dos grandes objetivos que Freud marcó a su teoría y a su terapia, el psicoanálisis—, sino que también debemos ocuparnos de la capacidad que el ser humano tiene de *sufrir*. La muerte es solo un punto final del adiós constante, de ese proceso continuo que, de algún modo, consiste en ir muriéndose. Y en el fondo la pregunta reside en si precisamente esa condición efímera, esa condición mortal, no hace a la vida, con efectos retroactivos —es decir, lejos aún del momento final y de su consecución—, simplemente indigna de ser vivida, si no la priva de su valor o de su sentido, si no le quita y le arrebata todo el sentido. Esa es la primera pregunta que debemos hacernos. Y yo quisiera partir de la tesis de que no es solo que la muerte no pueda quitarle el sentido a la vida, sino que, de hecho, le *da* un sentido.

Imaginémonos por un momento qué ocurriría, cómo sería la vida, si no hubiese muerte. Imaginémonos que pudiéramos postergar absolutamente cualquier cosa, y que pudiéramos aplazararlo todo infinitamente. Nada tendríamos que hacer ni resolver hoy o mañana. Todo podría suceder exactamente igual dentro de una semana, de un mes, de un año, de un decenio, de cien o de mil años. Únicamente ante la muerte, solamente bajo la presión de la finitud, de la finitud temporal de la existencia humana, puede tener sentido actuar. Y no solo actuar, sino también vivir. Y no solo vivir, sino también amar y también cualquier cosa que se nos imponga soportar y sufrir valerosamente.

Quizá entiendan ustedes ahora cómo es que la logoterapia, esta corriente de la psicoterapia, establezca, desde un espíritu filosófico —por ejemplo, en la tradición de Immanuel Kant—, un imperativo categórico, es decir, una máxima, un precepto de actuación y conducta. Y ese imperativo, esa exhortación, dice así: «Vive como si vivieras por segunda vez y como si la primera vez lo hubieras hecho tan mal como estás a punto de hacerlo ahora».[1]

---

1 La misma máxima figura en V. Frankl, *El hombre doliente. Fundamentos antropológicos de la psicoterapia,* trad. de María Luisa Vea Soriano, Barcelona, Herder, [8]2020, p. 247. (*N. del T.*)

¿Entendemos lo que eso significa? ¿Entendemos qué clase de llamamiento es a la conciencia de la responsabilidad, una de las bases esenciales de la existencia humana? ¿Qué formidable y potente llamamiento supone esto, exhortar a que nos esmeremos por sacar de la situación que sea el mejor sentido posible, a que intentemos hacer realidad la posibilidad de sentido de cada situación desde el espíritu de la responsabilidad? Y eso quiere decir, entre otras cosas, dar un volantazo –incluso en el último momento– en vista del peligro de hacer algo tan mal que un día podríamos lamentar... pero no enmendar nunca.

Esto rige también en situaciones banales. Voy a poner un ejemplo personal para ilustrar qué quiere decir esto en la práctica, en el día a día. Hace muchos años, un amigo me mandó a su hijo: «Sincérate con el tío Viktor», le dijo –el tío Viktor me llamaban–, «sincérate con él». El muchacho corría peligro de enredarse en el mundo de la droga, de acabar metiéndose en una banda de delincuentes. La situación era realmente peligrosa. Ahora bien, ¿qué debía hacer yo con el muchacho? Yo no soy ningún preceptor, o sabe Dios qué. ¿Qué se supone que le debía decir yo? Me limité a decirle, de manera completamente improvisada, lo siguiente: «Tú sabes por qué has venido. ¿Qué debo decirte yo? Lo único que te puedo decir es que pienses en que dentro de cinco, diez o veinte años tendrás dos posibilidades: o bien te dirás a ti mismo "¿Te acuerdas de aquella vez que fuiste a ver al tío Viktor y reflexionaste un poco sobre tu vida? Qué bien que en el último momento frenaras en seco, en lugar de seguir dirigiéndote hacia tal o cual cosa". O bien te dirás dentro de diez o veinte años: "Menudo idiota fui aquella vez que visité al tío Viktor. Él me señaló las distintas posibilidades, me puso ante los ojos la encrucijada, la bifurcación..., y yo, mentecato, me dejé llevar por la inercia". Esas dos posibilidades tienes ante ti. Lo único que quiero es que pienses en ello».

Es complicado decir qué es causa y qué es consecuencia. Si aquello tuvo en él un efecto por lo menos catalizador, puramente desencadenante —como en un proceso químico—, o si le entró por un oído y le salió por el otro. Todo eso es complicado de decir.

Hay un misterio teológico que siempre me ha fascinado. Me refiero al concepto de *mysterium iniquitatis,* esto es, al misterio del mal, de la culpa. No podemos explicar ningún comportamiento delictivo llegando hasta las últimas ramificaciones de las redes causales. Eso significaría despojar a la persona en cuestión del último resto de dignidad humana. ¿Se entiende lo que digo? Significa que estamos convirtiendo a la persona en una máquina, en un aparato, en un mecanismo que, bajo el influjo de tales factores y hechos sociológicos y psicológicos o biológicos, únicamente podía hacer de esa manera, no podía actuar o comportarse de otro modo. Así, estamos negando la libertad que la persona tiene para decidir, la estamos privando de la responsabilidad de comportarse de la forma más plena de sentido posible, de la forma más acorde posible a su yo (en el mejor sentido de la palabra). De eso estamos despojando a la persona. Creemos que estamos prestando un servicio humanitario, pero resulta que estamos deshumanizando y despersonalizando a semejante persona, a semejante criminal.

Pero hay otra manera completamente distinta. No quisiera entrar en esto; voy a decir únicamente que siempre, incluso en el supuesto del crimen más grave, sigue estando en su sitio, y accesible, un último resto de decisión inexplicablemente libre. Y, si no lo vemos —o no queremos verlo—, debido a esta o aquella ideología que nos venga impuesta por el determinismo, en tal caso nunca llegaremos al núcleo de la personalidad de un criminal: no nos servirán de nada consignas como «procesos de socialización» y cosas así.

De lo que se trata es de que aprendamos a ver lo humano en el ser humano y de que no nos olvidemos de verlo. Hasta el final, hasta su último aliento, e incluso en un individuo enfermo mental, o en un individuo que hace ya mucho tiempo que cayó en el crimen. Lo humano sigue siempre ahí.

Hace un momento hablaba de las posibilidades de realizar un sentido. Tales posibilidades deben percibirse; deben llevarse a efecto, realizarse. Y esa es la tarea del ser humano en cada situación vital concreta. Pero una vez que esas posibilidades han sido realizadas, una vez que hemos convertido en una realidad una de esas posibilidades —porque resulta que con *una vez* es suficiente—, entonces ya lo hemos hecho de una vez para siempre. Porque eso queda ahí. Eso ya nadie va a poder deshacerlo; nadie lo va a poder borrar. Lo hemos puesto a buen recaudo en el *ser pasado*. Allí está protegido, allí está preservado de la condición efímera.

Solo las posibilidades necesitan realizarse, pues son efímeras. Pero, cuando consumamos una posibilidad, la hacemos imperecedera: le conferimos no solo *efectividad,* sino también *eternidad.* En el pasado nada queda —como a menudo se piensa— irremisiblemente perdido, sino todo lo contrario: queda guardado de manera que no pueda perderse; allí queda protegido y preservado de la acometida de lo efímero. (Lo que nos lleva de vuelta a nuestro tema). La de «ser pasado» es otra forma de ser, y yo diría incluso que se trata de la forma *más segura* de ser. Suelo expresar esto mediante una metáfora: normalmente, las personas solo ven los rastrojos de lo transitorio... y pasan por alto los atestados graneros del pasado, en los cuales hace ya mucho tiempo que pusieron a salvo, que almacenaron, la cosecha de su vida. Las vivencias, los actos, las obras que llevamos a cabo, ya nada ni nadie nos los va a poder quitar y arrebatar, deshacer o cancelar nunca. O, como dice el texto de una de las sinfonías de Gustav Mahler: «Nada es vano de cuanto batallaste, amaste, sufriste».[2] Esto quiere decir

2 Se trata de una paráfrasis de unos versos de la Sinfonía nº 2 en do menor *Resurrección. (N. del T.)*

que la vida tiene y mantiene su sentido a pesar de su carácter efímero.

Pero ahora debemos seguir indagando en la cuestión de si tal es efectivamente el caso. Debemos preguntarnos lo siguiente: «De acuerdo, supongamos que la vida mantiene su sentido a pesar de su carácter efímero. Ahora bien, ¿para qué habría de tener un sentido? En la vida, ¿realmente necesitamos un sentido?». Nos estamos preguntando, en resumen, por el sentido del sentido.

Estamos preguntando como lo hace alguien que, según un viejo chiste, está viendo un partido de fútbol y tiene una naturaleza muy colérica, es muy impetuoso e irascible. Y en un momento dado, ante determinada infracción, esa persona pega un salto y grita: «Pero, bueno, ¿pa' qué está el árbitro?», es decir, «¿Por qué no interviene?» Detrás de él está sentado un profesor de secundaria que le da un toquecito en el hombro y le dice con suficiencia: «Para eso». Unos minutos después, el señor colérico vuelve a pegar un brinco —más abajo en la grada se ha producido una pequeña trifulca— y grita: «Pero, bueno, ¿pa' qué está la policía?». Y el espectador de detrás vuelve a tocarle el hombro y a decirle: «Para

ESO». Unos minutos después, un jugador se lesiona, lo sacan del terreno de juego, y el hombre grita: «Pero, bueno, ¿pa' qué están los sanitarios?». «PARA ESO». Entonces el hombre se vuelve y dice: «Pero, bueno, ¿pa' qué me dice usted siempre "PARA ESO"?».

Se trataba, por tanto, del «para qué» del «para eso»: de la pregunta por el sentido del sentido. Es un metasentido lo que aquí está sobre la mesa. Pues bien, a eso yo puedo responder fácilmente. Un retorno fenomenológico, por así decir, a un estado de cosas primigenio fundamentalmente antropológico –en seguida aclaro qué quiere decir eso– nos muestra lo siguiente: que el hombre es, en el fondo, un ser que no deja de anhelar un sentido, que busca sentido. El hombre es –por formularlo con más elegancia– un ser orientado al sentido, y, cuando tiene éxito en la búsqueda de un sentido, es feliz (*solamente* entonces, dicho sea de paso), pues, si lo que anhela es la felicidad y eso es lo que busca, entonces simplemente no *puede* ser feliz, porque no tendría ningún motivo para serlo. Paradójica e irónicamente, sin embargo, la persona que ha encontrado un sentido no solo es feliz, sino que al mismo tiempo tiene una extraordinaria capacidad de sufrimiento. Esa persona ha adquirido –por usar un tecnicismo psicológico– *tolerancia a la frustración*. Es capaz de asumir privaciones en aras de un sentido. Es capaz de hacer sacrificios en aras de una persona, en aras de Dios. Es capaz de *hacer* renuncias en aras de una causa. De manera que una persona, si tiene un sentido ante los ojos, no solamente es feliz, sino que también está capacitada –exactamente en la misma medida– para el sufrimiento.

[Harvey] Cushing, el mayor cirujano de todos los tiempos, en una ocasión, cuando era un anciano, le dijo a su antiguo asistente: «*The only way to endure life is always to have a task to complete*» (La única manera de soportar la vida es tener siempre una tarea que cumplir).

Por tanto, si una persona ha tenido éxito en la búsqueda de sentido a su vida –y, en determinadas circunstancias, a su muerte–, entonces es feliz y, además, está capacitada para el sufrimiento. Pero no es solo entonces que la persona esté capacitada para el sufrimiento –que esté en condiciones de sufrir–, sino que también sucede a la inversa: si no consigue ver *ningún* sentido, si no tiene ante los ojos la imagen de algún tipo de tarea en la vida que se le adecue personalmente y que ella escoja de manera voluntaria, entonces no solo será incapaz de sufrir, sino también incapaz de vivir. Y miren que esto no se lo está diciendo ningún *psíquico,*[3] sino un físico. Se trata, en efecto, de una cita literal de Albert Einstein: «La persona que no ha encontrado ningún sentido a su vida no solo es infeliz, sino también incapaz de vivir».

Y con este hecho, con esta verdad, los neurólogos y los psiquiatras tenemos que lidiar todos los días a todas horas.

Pensemos en problemas actuales como el desempleo. Hace más de medio siglo describí, en la revista *Sozialärztliche Rundschau,* la llamada «neurosis del desempleo» —yo fui quien le dio ese nombre—, y haciéndolo pude demostrar algo interesante. Y créanme si les digo —por todo el mundo aparecen libros sobre el fenómeno del desempleo desde el punto de vista psicológico— que, medio siglo después, las cosas siguen exactamente igual que entonces. Ya en aquel tiempo se puso de relieve que el desempleado que cae en una

3 Juego de palabras con el inglés *psychic* («vidente»). *(N. del T.)*

depresión con riesgo de suicidio no es tanto que sufra por el desempleo en sí, sino que, en lo esencial, la causa de la verdadera depresión es una sola: una doble identificación. Porque esa persona equipara *estar desempleada* con *ser inútil*, y *ser inútil* con *vivir sin sentido*. Y de ahí que se deprima. Y de ahí —y única y exclusivamente desde el momento en que sucumbe a esa doble equiparación— que corra peligro de suicidarse. Yo entonces me las arreglaba como podía para introducir a aquellos jóvenes en organizaciones juveniles, en bibliotecas públicas o en centros de formación de adultos. A menudo como «ordenanzas», como se decía entonces. Es decir, que era voluntariamente —sin cobrar un céntimo— como asumían aquellas funciones en las que ellos veían un sentido. Las tripas les seguían sonando igual que antes, pero la depresión desaparecía. Si no lo hubiera podido observar con mis propios ojos, tampoco yo me lo creería.

Y ahora pensemos en el hecho de que vivimos en lo que llamamos «sociedad del ocio». La gente ya no sabe en qué emplear el tiempo libre. En ese tiempo libre es cuando se despliega —en forma de neurosis del domingo, en forma de *weekend depression* [depresión del fin de semana]–, ese vacío interior, esa sensación de falta de sentido que está expandiéndose por todo el mundo. Pero ahora resulta que se quiere resolver el problema del desempleo acortando el horario de trabajo... Por no hablar de que ya tenemos bastante que hacer con la crisis de la jubilación, que representa una crisis existencial –una crisis de sentido– cuando la gente no sabe, a veces de un día para otro, en qué emplear la avalancha repentina de tiempo libre. De manera que la jubilación anticipada y este tipo de cosas son problemas que no pueden resolverse en términos meramente sociopolíticos, atrapándolos con la red social, pues esta tiene unas mallas demasiado grandes como para que no se le cuelen los problemas psíquicos que acompañan al conjunto. Y esto quiere decir que también debemos considerar esta problemática: en qué dirección estamos intentando resolver un problema sociopolítico dado.

Con la crisis de la jubilación nos encontramos ya en la antesala de la gerontopsiquiatría, de los problemas y la prevención psiquiátricos en personas mayores.

Los problemas han seguido siendo, en esencia, como ya he dicho, los mismos a lo largo de medio siglo, pero la terminología ha cambiado. Hoy, por ejemplo, ya no se habla, como se hacía entonces, de «asilos de desahuciados», sino de residencias de personas mayores y cosas por el estilo. Pero en la época en que aún se hablaba de «asilos de desahuciados», en una ocasión le pregunté a una señora mayor que vivía en uno de aquellos centros: «¿Cómo le va? ¿Qué hace usted durante todo el día?». Y la señora contestó: «Dios mío, doctor, por la noche me dedico a dormir y durante el día... a estar desahuciada». A eso se había reducido el contenido de su vida entera...

Salta a la vista que, para la gerontopsiquiatría, todo esto son problemas absolutamente esenciales, aunque solo sea por el hecho de que las expectativas vitales de una persona dependen enormemente de que, en cualquier punto de su vida —también tras la jubilación—, tenga o no tenga ante sí valores, posibilidades de sentido, tareas.

Un contraejemplo: jamás olvidaré que una vez leí que Goethe concluyó en enero de 1832 —tras siete años de trabajo— la segunda parte de su tragedia *Fausto*... y, solo dos meses después de envolver y sellar el manuscrito ya listo, murió. Podemos decir con seguridad que, por lo menos, una parte de esos siete años la vivió *por encima de sus posibilidades biológicas*. Pero la visión de que debía completar aquella obra de su vida no lo dejaba marcharse, lo retenía.

Esto no solo rige para estar activo, sino también para mantenerse receptivo. No sé si he visto a otro señor mayor que me haya impresionado tanto como el entonces profesor [Josef] Berze, director, durante muchos años, del gran centro psiquiátrico vienés de Steinhof. El profesor Berze tenía bastante más de noventa años cuando lo vi por última vez, y nunca olvidaré cuántas monografías especializadas se amontonaban en su escritorio. Jamás he visto nada semejante en colegas mucho más jóvenes. Nunca dejó de trabajar y estudiar sobre su especialidad. Y, ya que estamos cerca de la frontera suiza,[4] quisiera mencionar un detalle que tiene su gracia. Estoy convencido de que el profesor Berze y yo éramos los únicos, por lo menos en Viena –cuando no en toda Austria–, que habíamos leído de cabo a rabo, desde la primera palabra hasta la última, la maravillosa obra de Ludwig

4 V. Frankl se refiere a la ubicación geográfica de la ciudad austriaca de Dornbirn, donde pronunció esta conferencia. *(N. del T.)*

Binswanger *Formas básicas y cognición de la existencia humana*.[5] Es un libro de más de ochocientas páginas; en Zúrich lo llamaban la «guía telefónica». El profesor Berze tenía entonces noventa años y yo rondaba entonces los cuarenta. Es decir, que aquella lección me la dio con medio siglo de adelanto.

No me tomen ustedes a mal si a veces voy añadiendo este tipo de comentarios personales, anecdóticos. Pero de verdad que no puedo hablar todo el tiempo del «análisis fenomenológico de la autocomprensión ontológica prerreflexiva». Me gustaría, pero sobre eso prefiero escribir y, cuando hablo, tratar otras cosas...

Tampoco quiero que me malinterpreten: no soy tan supersimplificador como puedo sonar o parecer. No niego que incluso alguien como el profesor Berze presentase deficiencias en lo que a sus capacidades cerebrales se refiere. Pero en absoluto es esa la cuestión, pues él podía *compensar* esas carencias y conseguir, con el resto de sus recursos, mucho más que un psiquiatra o un neurólogo joven estándar de la Viena de aquel entonces.

5 Ludwig Binswanger, *Formas básicas y cognición de la existencia humana,* en *Obras escogidas,* Barcelona, RBA, 2006. *(N. del T.)*

Tampoco se me borra de la memoria una cosa que viví hace muchísimos años. Estaba escalando una pared de los montes Rax, y quien me guiaba era el apodado *Gruber Naz*. Ignaz Gruber —que así se llama realmente— es un guía alpino muy conocido que ha dirigido expediciones al Himalaya y otras zonas de alta montaña. Y en aquella ocasión, estando él sentado junto al anclaje, me miró compasivamente y me dijo mientras me iba soltando la cuerda de seguridad: «No se me enfade, profesor, pero, si tengo que decirle la verdad, me parece que se ha quedado usted sin fuerza alguna. Pero fíjese que eso usted lo contrarresta con una fina técnica de escalada. En serio le digo que, de usted, puede uno aprender a escalar». Casi exploté de orgullo: que un guía de expediciones himalayas me dijera eso a mí... Pero el hombre lo decía de verdad: hay mecanismos de afrontamiento —*coping mechanisms,* en inglés— que no es solo que compensen las deficiencias de la mera fuerza, del simple potencial, sino que, de hecho, pueden llegar a sobrecompensarlos. Y, cuando unos años después escalé con un guía ladino la chimenea de Luis Trenken —en la segunda torre del Sella—, al terminar le pregunté: «Ahora séame franco:

¿debo dejarlo ya?». «¿Dejarlo? Justo eso es lo que nunca, nunca debe hacer».

Y con esto quisiera pasar al problema de *dejarlo,* de parar. ¿Debe uno parar? Hay personas que sufren porque todavía ni siquiera han empezado, todavía no han vivido su propia vida. Durante algunos años estuvo de moda llamar a esto *midlife crisis* [«crisis de la mediana edad»], y consiste en lo siguiente. Hace muchos años, vino a mi consulta un alto diplomático estadounidense y me dijo que querría continuar su psicoanálisis conmigo. Había pasado cinco años tumbándose en el diván de un psicoanalista de Manhattan, y este le había dicho que su psicoanálisis aún estaba lejos de acabar y que debía continuar cuando llegase a Viena. Y el hombre vino a mí, y yo le pregunté que, en realidad, por qué quería psicoanalizarse. Y me contó que no estaba contento con la política exterior estadounidense, y que el psicoanalista llevaba cinco años intentando quitarle esa idea de la cabeza: «Mire, el problema en absoluto es la política exterior. Usted no odia al gobierno, ni al presidente, ni al secretario de Estado; usted odia a su padre. A usted lo que le pasa es que está en conflicto con la imagen que tiene de su padre, créame. Usted lo que tiene que hacer es reconciliarse con su padre, y entonces pasará a encontrarle el gusto a la política exterior estadounidense». Estoy exagerando, por supuesto; estoy haciendo una caricatura. Pero básicamente algo así había ocurrido durante esos cinco años. Habían dejado de prestar atención a la realidad, por no hablar de los hechos políticos. Habían centrado toda su atención en imágenes y en símbolos, pero los árboles de los símbolos les impedían ver el bosque de lo real. Se habían envuelto en un capullo, en una monadología personal, y habían dejado de trascenderse a sí mismos hacia la realidad; también hacia la realidad política. En su lugar, se habían pasado cinco años hablando de imágenes –y del valor simbólico de esto y aquello–, y analizando sueños, recuerdos de la infancia y cosas así.

Yo le pregunté a aquel hombre: «Bueno. Entonces, ¿hace tiempo que la política dejó de gustarle?». Y él me dijo que querría pasar a dedicarse a un sector de la industria que le interesaba mucho, y que, además, consideraba que tenía buenas dotes para ello. Tras la segunda conversación –si no digo «sesión» es a propósito, y todavía menos hablo de «diván»–, yo le di luz verde y él efectivamente cambió de actividad profesional. Y medio año después recibí una carta suya desde un país muy lejano... y era el hombre más feliz.

Su voluntad de sentido había sido frustrada; todo se reducía a eso. Pero había quien no dejaba de buscar algo que supuestamente estaba detrás de todo, y que tenía que ver con conflictos de la infancia entre el Yo, el Ello y el Superyó. Aquel hombre se había quedado vacío de sentido y se dio cuenta perfectamente: esa es la frontera, esa es la divisoria. Ahí es donde uno tiene que tomar una decisión, de una manera o de otra, si quiere realizarse. La *midlife crisis* de aquel hombre, su crisis de la mediana edad, era en realidad —como lo son la mayoría— una crisis de sentido.

Un contraejemplo: había un industrial estadounidense del acero que había tomado parte, entre otras cosas, en el desarrollo de la primera bomba atómica. Su trabajo no le satisfacía demasiado, por lo que se hizo pastor protestante. Pero con eso tampoco terminaba de estar contento, por lo que se vino dos años a Viena y se puso a estudiar conmigo. Luego volvió y se hizo logoterapeuta, y como logoterapeuta se especializó en una nueva rama muy específica: orienta a industriales, directivos y ejecutivos que, por la razón que sea, se dan de baja en sus empresas y se incorporan a alguna otra actividad. Los ayuda a encontrar un sentido a su vida en el nuevo ámbito laboral.

Rolf von Eckartsberg, de la Universidad de Harvard, escribió en su día una tesis doctoral sobre cien antiguos alumnos de dicha universidad que habían conseguido su título y luego, transcurridos veinte años, se habían convertido en famosos y reconocidos abogados, cirujanos e, incluso, psiquiatras y psicoanalistas. La mayoría también tenía una vida privada –una vida conyugal– en la que todo funcionaba perfectamente. En cualquier caso, habían hecho carrera... y un porcentaje muy considerable de ellos sufría –y no fue capaz de superarlo nunca– porque le parecía que la vida no tenía sentido.

Esto tiene su importancia por la siguiente razón. Esas personas suelen desesperarse, pero yo afirmo –y se trata de una tesis mía que, lógicamente, aquí y ahora no puedo demostrar– que en realidad toda desesperación viene dada, en última instancia, por una forma de idolatría: por convertir determinado valor en un ídolo.

¿Cuándo es típico que se desespere, por ejemplo, una mujer? Algunas se desesperan si no encuentran a un hombre, si no tienen hijos, con independencia de que estén casadas o no. (Esta última posibilidad se está poniendo cada vez más de moda y, de hecho, parece que se está convirtiendo en algo más que una simple moda). Sea como sea, una mujer que convierte este valor en algo absoluto, que lo idolatra —el valor de casarse y tener hijos—, esa mujer está estipulando que la vida de una mujer solo puede tener sentido si tiene un hijo o se casa.

Quien convierta en algo absoluto esos valores —que sin duda son tales— quedará programado para la desesperación. De modo que es importante deshacer, revertir, estos procesos de idolatría y mantenerse abierto a las posibilidades de sentido, posibilidades que pueden cambiar de una hora a otra, de un minuto a otro, y en cualquier caso cambian de una persona a otra. *Hic et nunc,* aquí y ahora, la vida me está ofreciendo un sentido de una manera u otra, ya sea estando yo activo —forjando yo la vida— o estando pasivo y receptivo y captando, mediante la investigación y la ciencia, la belleza y la verdad, o bien asimilando en mí —y dejando que actúe en mí— la esencia de determinado ser humano, pero no solamente en su condición humana, sino en su condición única e irrepetible. (Eso quiere decir amar).

Se trata de posibilidades de sentido, pero estas no son exclusivas. Pueden cambiar en cualquier momento; en cualquier momento se puede transformar la oferta disponible, la oferta de sentido disponible en mi vida. Tengo que estar abierto, tengo que mantener la mente abierta, abrir bien los ojos. He de tener un horizonte amplio para darme cuenta de qué se abre, para darme cuenta de cuándo y dónde la vida me está tendiendo una posibilidad oculta de sentido.

Se trata de algo necesario, necesario en vez de la idolatría, del encaprichamiento: «Tengo que convertirme en un gran científico o mi vida no tendrá sentido», «Tengo que convertirme en esto o aquello, o mi vida no tendrá sentido», «He de tener hijos sanos cueste lo que cueste». Y, si luego –Dios me libre– tengo un hijo *retrasado,* entonces mi vida no tendrá sentido, porque la vida de ese niño no tendrá sentido. Pero resulta que no es así. Debemos continuar siendo flexibles, elásticos. Debemos seguir estando agradecidos por lo que, de una manera u otra, la vida nos ofrece. Como en una ocasión dijo maravillosamente mi amigo Paul Polak, «no puedes ponerle condiciones a la vida».

Estamos hablando de la vida y su sentido. Yo hablo como médico; hablo como psiquiatra, como neurólogo. Por supuesto, no estoy en condiciones de decir cuál es el sentido de la vida. La cuestión es que tal sentido no existe de la forma en que podríamos preguntarle a un maestro del ajedrez: «Haga el favor y dígame cuál es el mejor movimiento de ajedrez del mundo». El maestro se reiría de nosotros: semejante movimiento no existe. Resulta que todo depende de la situación —totalmente concreta, totalmente específica— y de la persona que en cada momento esté jugando, así como de su contrincante, de cómo ambos estén envueltos en una partida determinada.

De manera que eso no existe. Por supuesto que hay un sentido último de la vida, pero aquí rige una ley que querría formular como sigue: «Cuanto más amplio sea el sentido de la vida del que queramos hablar, tanto menos tangible nos resultará; tanto más se sustraerá, en cualquier caso, a un acceso racional de nuestro entendimiento, que es limitado y finito».

Ahora bien, ¿cuál es la relación de ese sentido final, de ese sentido último, de ese «suprasentido», como yo lo llamo –y que no tiene nada que ver con lo suprasensorial, sino que simplemente me refiero a lo que escapa a nuestra capacidad finita de comprensión–, con el sentido concreto que me atañe a mí personalmente, que yo intento identificar en determinada situación? Se trata de una relación muy sencilla. Pensemos en una película, en una película cinematográfica. Dicha película consta de cientos de miles o millones de imágenes individuales. Y cada una de esas imágenes, cada una de esas escenas individuales, tiene un sentido determinado que nosotros podemos captar. El sentido último, sin embargo, ese sentido no lo captamos, no se hace comprensible sino una vez que la película ha llegado a su fin. Esto quiere decir que el sentido final, el sentido del todo, de lo grande, ese sentido solamente podrá iluminársenos o abrírsenos, en el mejor de los casos, cuando estemos en nuestro lecho de muerte.

Y, aun así, ese sentido jamás podría haberse cumplido, jamás podríamos haberlo realizado, si a lo largo de toda nuestra vida no hubiésemos procurado hacer realidad el sentido de cada escena individual de la vida, de cada situación vital concreta, absolutamente convencidos o con incertidumbre, de buena fe y en conciencia. He aquí, por tanto, la relación entre ese sentido final amplio que deja de ser tangible y las *formas de sentido* concretas y personales, pues la comprensión del sentido termina en una percepción de formas conforme estas se entienden en la psicología de la Gestalt koffkiana-köhleriana-wertheimeriana,[6] corriente que apenas tiene que ver con la llamada «terapia Gestalt». Y esto no solo me atrevo a afirmarlo yo, sino que también es el punto de partida de Max Wertheimer, el fundador de la psicología de la Gestalt.

Pues bien, ese sentido, que en una situación concreta nos atañe o, por así decirlo, nos llama, nosotros necesitamos imaginarlo también sabe Dios cuán grandioso. Sigo hablando del carácter efímero de nuestra existencia, esto es, del imperativo de llevar a efecto precisamente esas fugaces y efímeras posibilidades de hacer realidad un sentido. (Es decir, que no me he

6 Es decir, de Kurt Koffka, Wolfgang Köhler y Max Wertheimer. *(N. del T.)*

ido del tema, aunque haya dado mil rodeos...).
Como ya he dicho, ese sentido en absoluto tiene
por qué ser nada grandioso. Permítanme que
cite un ejemplo concreto de un librito sobre el
sentido de la vida que escribió el obispo Georg
Moser. Habla de un basurero que unos años
antes había recibido la Cruz del Mérito de la
República Federal Alemana. Este basurero
rescataba de los cubos de basura, y de entre
los enseres domésticos desechados, los juguetes
que la gente tiraba; luego se los llevaba a casa,
los arreglaba y se los regalaba a niños necesita-
dos. Con su talento para las manualidades, le
arrancó un segundo sentido a su trabajo, cosa
que hizo de una manera ejemplar –y absolutamente sencilla y fácil y sin pretensiones–, pero
eficaz –socialmente eficaz– y, sobre todo, plena
de sentido.

Ahora bien, a la vida no solo podemos
arrancarle un sentido mediante la acción, sino
también vivenciando algo y, como ya anun-
ciaba antes, amando. Es decir, vivenciando *algo*
o vivenciando *a alguien*. Y vivenciar a alguien
en esa condición única e irrepetible significa
amar a esa persona.

Pero eso ¿qué puede significar, por ejemplo, en el día a día? Y aquí quisiera volver a

hablar especialmente de las personas mayores. Tengo aquí conmigo la carta de una señora que me escribe: «Dentro de catorce días cumplo ochenta y siete años. Pero, para mí, cada día es un regalo. Y, ante un regalo, una debe estar siempre agradecida. Fíjese, doctor: puedo mirar al cielo, o hacia abajo al maravilloso jardín; puedo hablar con los árboles, puedo recibir a amigos después de comer... Se trata de decirle "Sí" a todo, a todo. ¿Por qué a la mayoría de las personas le cuesta tanto entenderlo? Doctor, yo estoy sorda. A cambio, habla mi interior. Ya casi no puedo caminar. A cambio, puedo pensar. Y mi gratitud por ello es simplemente infinita».

Una carta sencilla, sin la menor pretensión. La mujer ya murió. Ella no tenía ni idea de que un día yo iba a usar sus palabras. Aquí no hay, por tanto, aires de grandiosidad. Pero precisamente así es la vida. (Igual que en el caso del basurero, cuyo logro pervive únicamente por aquella Cruz Federal al Mérito y en las diez líneas del libro del obispo Moser).

Quisiera leer un fragmento de una segunda carta (dos, tres frases). Es de un hombre que montó un grupo terapéutico de autoayuda en una cárcel de Florida, y que hace poco me contaba que, de los veinte miembros de ese grupo que se ayudaban entre sí para salir de la delincuencia, solamente uno había reincidido, e incluso ese había quedado ya en libertad.

Lo último que este hombre me escribió fue: «*I was hospitalized in the Oncology Unit for eleven weeks. I had a lung adenoma diagnosed*». (Había estado once semanas ingresado en la unidad de oncología de un hospital con el diagnóstico de un cáncer de pulmón). «*Most luckily, I found a part-time job on the ocean*». (Había tenido la suerte de que le dieran un trabajo de friegaplatos en un restaurante junto al mar). Y luego escribía: «*I enjoy the sunrises and sunsets. How very beautiful life is!*». (Disfruto los amaneceres y los atardeceres. ¡Qué bella es la vida!). Eso lo escribía, al final de su vida, un hombre condenado a muerte. Pero condenado a muerte no en el penal de Florida, sino por sus células cancerígenas, por su cáncer de pulmón: «¡Qué bella es la vida!».

¿Se entiende ahora a qué me refiero? A la vida no solo podemos arrancarle un sentido llevando a cabo una acción, completando una obra, sino que también vivenciando y amando podemos descubrir posibilidades de sentido. A eso me refiero. Pero este hombre escribió esas palabras. Son algo de carne y hueso. Así es la vida: no se trata de clichés, de cosas abstractas; se trata de cosas vividas por personas. Y este hombre se encontraba en una situación desesperada y escribió así. Se convirtió en la víctima indefensa de semejante situación desesperada... ¡y a pesar de todo encontró sentido!

Sí, incluso en esa coyuntura de un destino ineludiblemente trágico es posible encontrar sentido, atestiguando así la capacidad que el ser humano tiene de transformar una tragedia personal en un triunfo, de crear un logro a partir de un sufrimiento en el plano humano. Esto es posible, y es posible hasta el último aliento. Y ese es el contenido de una *teoría del sentido* que apunta terapéuticamente contra el *vacío de sentido,* contra ese abismal sentimiento actual de falta de sentido.

Pero esta teoría del sentido no la enseñamos nosotros –no la enseñamos los logoterapeutas, ni yo personalmente–, sino que es de nuestros maestros de quienes la hemos aprendido. Y ¿saben ustedes quiénes son los maestros? Pues son nuestros pacientes. Son quienes han vivido eso, quienes lo han padecido. Yo he tenido el honor de ser, durante un cuarto de siglo, director de la sección de neurología de un hospital. Conozco a esos muchachos que una semana antes estaban todavía esquiando, que una semana antes conducían todavía a toda velocidad sus motos —ellos hablaban de sus «burras»—, y entonces tuvieron un accidente y quedaron parapléjicos. Conozco a esas chicas que la semana anterior estaban bailando todavía en la discoteca... y de repente tienen una mielitis, o un tumor en la médula espinal, y poco a poco van perdiendo la movilidad y terminan postradas en cama hasta el final de sus vidas. Y sobre cómo esas personas modelan semejante destino y se sobreponen a él, sobre eso podría estar hablándoles horas. De esas personas es de quienes nosotros hemos aprendido lo que ahora estamos simplemente transmitiendo.

«Pero eso es heroísmo», podríamos decir. «Y ¿cómo puede exigirse heroísmo?». Nadie puede exigir, ni siquiera reclamar heroísmo a nadie..., excepto a sí mismo. Lo que sí que podemos hacer perfectamente es aprender de esos ejemplos, de esos modelos que nos muestran cómo pueden sobrellevarse semejantes situaciones. Y ahora permítanme que mencione y les ponga ante los ojos uno solo de tales ejemplos.

Hace unos años, alguien me envió un artículo de una revista ilustrada. Era un joven –Jerry Long se llama– que había leído un libro mío, *El hombre en busca de sentido*,[7] y quería compartir conmigo lo siguiente.

Con diecisiete años, mientras buceaba, tuvo un accidente y se rompió la nuca. Desde entonces lleva postrado en casa paralizado de cabeza para abajo, completamente paralítico. Puede mecanografiar manipulando un palito de madera con los dientes. Puede poner en práctica, gracias a cierto movimiento que todavía está en condiciones de hacer –una contracción del hombro izquierdo–, un sistema de telecomunicación que lo conecta con la Universidad de Texas, de la que solo lo separan unos pocos kilómetros, pero que por ahora no ha podido visitar. Participa en seminarios –también activamente–, presenta ponencias, hace exámenes y estudia psicología. Y es que, como me escribe en su carta –con el palito de madera entre los dientes–, él no puede sino confirmar lo que yo en mi libro planteo sobre las posibilidades de sentido incluso en el sufrimiento, y que-

7 Barcelona, Herder, ³2022. *(N. del T.)*

rría ayudar a otras personas. Por eso estudia psicología, y está convencido de que todo el sufrimiento que él soporta ha de servir, en última instancia, para hacer de él un mejor *counselor,* un mejor orientador psicológico.

En otra carta, me escribió literalmente: «*I view my life as abundant with meaning and purpose*» (Mi vida rebosa de sentido...). Esto lo escribe alguien que tiene un lindo rostro de muchacho –ahora tiene veinticuatro años– y que, fuera de eso, prácticamente es un esqueleto que cuelga de una cabeza. El hombre pesa unos treinta kilos. Es increíble: en toda mi vida, en mi ejercicio profesional de décadas, no he visto una cosa igual. Y exhala espíritu...

Conocí personalmente a Jerry Long hace un año, cuando presentó una ponencia sobre su vida en la Universidad de Ratisbona, en el marco del Tercer Congreso Internacional de Logoterapia. Tituló su intervención «El poder de obstinación del espíritu». Se trata de un concepto que acuñé yo, pero que rara vez uso por lo patético que suena. Resulta, sin embargo, que esa es la realidad. Jerry Long demuestra que él vive el poder de obstinación del espíritu.

Y en la última carta que me ha escrito me cuenta que ya ha empezado a ejercer el *counseling* [la orientación psicológica]. Ya se encarga de orientar, en varios hospitales de Texas, a personas gravemente enfermas o moribundas. Y termina diciendo, muy orgulloso, que se le está dando bastante bien. Y entonces viene la última frase de la carta, en la que ya no se muestra orgulloso, sino humilde, cuando escribe: «*Accomplishments are not to be rested upon, but built upon*» (Pero los logros no son nada sobre lo que uno pueda ponerse a descansar, sino algo sobre lo que uno debe edificar y seguir construyendo).

Ese es Jerry Long.

Y ahora ustedes me dirán: «De acuerdo. Entonces, por decirlo brevemente, usted, señor Frankl, considera que el sufrimiento tiene un sentido y que, de hecho, es imposible realizar un sentido en la vida si no se sufre». Pues resulta que no. Yo no he dicho eso nunca. Eso sería masoquismo. El heroísmo solamente podría darse en el supuesto de un sufrimiento absolutamente necesario. Si puedo eliminar la causa de determinado sufrimiento, debo hacerlo. Si se trata de un carcinoma que todavía se puede operar, entonces hay que operarlo. Si se trata de un proceso psicológico –de una psicosis, de una neurosis–, entonces hay que tratarlo con la medicación adecuada o con psicoterapia, siempre que sea posible y necesario. Y, si las causas de la situación de sufrimiento son sociales, o bien un contexto político grave, entonces debemos recurrir, de cualquier forma que sea lícita, a una acción política. Sea como sea, siempre que podamos y apenas tengamos ocasión, debemos eliminar la causa de una situación de sufrimiento.

De manera que lo que yo digo no es que el sufrimiento sea necesario para encontrar y realizar un sentido. Lo que yo digo es, única y exclusivamente, que la realización de un sentido también es posible cuando nos enfrentamos a una situación de sufrimiento. (Pero únicamente, insisto, si llega el caso de que dicha situación de sufrimiento no pueda solventarse con ningún tipo de medida posible). Con otras palabras: la *prioridad* es cambiar la situación, intervenir activamente. Sin embargo, cuando no hay margen para hacer eso, la *superioridad* —es decir, la primacía ética dentro de la jerarquía de valores— se traslada a la posibilidad que la persona tiene de ver y realizar una posibilidad de sentido a pesar del sufrimiento y, de hecho, en el sufrimiento. La vida puede tener sentido *in extremis* e *in ulti-*

mis, en situaciones de sufrimiento extremas, desoladoras y, a fin de cuentas, ante la misma muerte.

Antes de poner un ejemplo concreto de esto, quisiera remarcar que no se trata de cosas que uno se inventa o que se encuentra una vez en un caso aislado. Son cosas que han sido evidenciadas de manera precisa, rigurosa y empírica. Resulta, por ejemplo, que, ante la muerte y en situaciones graves de sufrimiento crónico, la capacidad de captar sentido, de percibir posibilidades de sentido, es más alta que la de una persona estándar. Es decir, que la capacidad de darse cuenta y decir «Un momento, aquí podría pasar algo; aquí yo podría demostrar de alguna forma, aunque solo fuese con mi actitud, de qué soy capaz, de qué es capaz el ser humano» incluso aumenta. En la vejez, en situaciones de sufrimiento graves y especialmente ante la muerte —de cuyo advenimiento toma entonces conciencia la persona—, la sensibilidad para con semejantes posibilidades se hace todavía más intensa.

Quisiera ilustrar esto con el ejemplo de una carta que recibí hace décadas. Es la carta de una contable que, poco antes de morir de una grave tuberculosis, escribió: «¿Cuándo era más rica mi vida? ¿Cuando prestaba un servicio útil como contable y, con tantas responsabilidades, ya no era consciente de mí misma? ¿O en estos últimos años de confrontación espiritual con infinidad de problemas? Ya solo la lucha por superar ese miedo a la muerte que me atormentaba, me acechaba y me perseguía hasta unos extremos inimaginables, ya solo esa lucha me parece más valiosa que una montaña entera de los balances mejor rematados».

Esa es la verdadera jerarquía de los valores.

Me voy a permitir leer algunas partes de la transcripción de la grabación de un diálogo con una paciente que tenía —creo— ochenta y un años, padecía un carcinoma metastatizado y era consciente de que se iba a morir en breve. La conversación que sigue tuvo lugar en el auditorio de la Policlínica de Viena.

Frankl: ¿Qué piensa usted hoy de su larga vida, si vuelve la vista atrás? ¿Ha sido una vida buena?

Paciente: Ay, profesor. Verdaderamente tengo que decir que lo ha sido. Ha sido una vida realmente bonita y debo dar gracias a Dios, nuestro Señor, por todo lo que me ha regalado. He ido al teatro, he escuchado conciertos y muchas cosas más. Es que la familia en cuya casa de Praga serví como criada durante décadas, aquellas personas me llevaron varias veces a conciertos. Y ya ve usted: tengo que estar agradecida por todo lo bueno.

La grabación continúa como sigue:

FRANKL: Está hablando usted de unas vivencias muy bonitas. Pero ahora todo eso se va a terminar, ¿no es cierto?

PACIENTE: *[Pensativa]* Sí. Así es. Ahora se va a terminar todo.

FRANKL: Pero ¿cómo es eso? Haga el favor de explicármelo. ¿Cree usted que, con ello, todas las cosas bonitas que usted ha vivido desaparecen, se destruyen?

PACIENTE: *[Sigue pensativa]* Esas cosas bonitas que he vivido...

FRANKL: Dígame una cosa: ¿podría alguien deshacer la felicidad que, como usted dice, usted ha vivido? ¿Podría alguien borrar eso?

PACIENTE: Tiene usted razón, profesor. Eso nadie lo puede deshacer.

FRANKL: O ¿puede alguien borrar la bondad con la que usted se ha encontrado en la vida?

PACIENTE: *[Más concentrada]* ¡No! ¡Nadie!

FRANKL: Y tampoco puede borrar nadie lo que usted ha conseguido.

PACIENTE: Tiene usted razón; eso nadie puede hacerlo desaparecer.

FRANKL: O ¿puede alguien hacer que desaparezca lo que usted ha soportado con valentía y coraje? ¿Puede alguien sacar todas esas cosas del pasado, donde usted las ha puesto a buen recaudo, las ha almacenado y preservado?

Ahora la paciente llora de emoción y dice: «No. Nadie puede. Nadie». Y tras una pausa añade: «Por supuesto que he sufrido mucho, pero también he intentado encajar los golpes que la vida me ha asestado. ¿Usted me entiende, profesor? Yo creo que el sufrimiento es un castigo. Sí, yo creo en Dios».

FRANKL: Pero el sufrimiento ¿no puede ser también una prueba? ¿No puede ser también que Dios haya querido ver cómo soporta usted el sufrimiento? Y a lo mejor al final ha tenido que reconocer que usted lo ha soportado con valentía... Y ahora dígame qué cree usted: ¿puede alguien deshacer semejantes logros?

PACIENTE: No. Nadie puede.

FRANKL: Porque eso es algo que permanece, ¿verdad?

PACIENTE: Por supuesto que permanece.

FRANKL: Pues fíjese: no es solamente que haya logrado usted muchísimas cosas en su vida, sino que, además, ha sacado lo mejor tanto de su vida, como de su sufrimiento. Y, desde esa perspectiva, usted se ha convertido en un modelo para los pacientes de nuestra sección, a los que de hecho felicito por poder tomarla a usted como ejemplo.

Y en ese momento sucedió algo que jamás había ocurrido en ninguna de mis conferencias anteriores. Todos los alumnos, que eran casi doscientos, rompieron a aplaudir de manera totalmente espontánea. «Fíjese: este aplauso es para usted. Es para su vida, que ha sido un gran logro sin igual. Puede estar usted orgullosa de esa vida. Y qué pocas personas hay que verdaderamente puedan estar orgullosas de su vida... Solo puedo decir que la suya es un monumento, un monumento que nadie puede hacer desaparecer».

La anciana salió lentamente del auditorio. Una semana después, murió. Murió como

Job: llena de días. Pero, durante sus últimas semanas de vida, ya no estaba en absoluto deprimida. Se sentía, más bien, orgullosa. Según parece, la conversación consiguió hacerle ver que también su vida tenía un sentido hasta el final. Antes, esta señora mayor se sentía abrumada. Abrumada por la preocupación de que había llevado una vida inútil...

Sus últimas palabras, sin embargo —que la médica de guardia anotó en el historial clínico—, fueron las siguientes: «Mi vida es un monumento, dijo el profesor delante de todos los alumnos en ese auditorio grande. Eso quiere decir que mi vida no ha sido en vano...».

Estas no son cosas que uno se inventa. Son cosas que hacen que uno solamente pueda manifestar respeto y admiración por personas así y por lo que viven.

Y ahora queda todavía una última cuestión: ¿cómo es, por ejemplo, cuando otra persona muere y lo que está en juego, lo que está sobre la mesa, es la condición efímera de otra persona, de otra existencia humana? Pues bien, un urólogo muy conocido en Estados Unidos que dirigió un congreso internacional en Montreal sobre la psicología en las últimas fases de la vida —esto es, sobre la psicología de los moribundos– escribió en una ocasión: *«The end of life is always a time of unparalleled potential for personal and interpersonal growth for the patient and his family»* (El final de la vida es siempre un momento de posibilidades incomparables para el crecimiento personal e interpersonal del paciente y de su familia). Y es verdad. También podemos seguir creciendo interiormente bajo el sufrimiento y, de hecho, con el sufrimiento que nos inflige una persona querida que se está muriendo o que ya ha muerto.

Esto puede ilustrarlo la siguiente historia, que está sacada de uno de mis libros [8]. Y no dejan de acercárseme personas a decirme cuánto las ha ayudado ese relato cuando ellas mismas se encontraban en una situación parecida. Es la historia del viejo médico, de aquel viejo médico no especialista que vino a verme porque no podía sobreponerse a la muerte de su esposa, a la que había amado sobre todas las cosas. El hombre me dijo: «Sé que usted tampoco puede ayudarme. Y recetarme algo –un tranquili-

8   V. Frankl, *Logoterapia y análisis existencial. Textos de seis décadas,* trad. de José A. de Prado, Roland Wenzel, Isidro Arias y Roberto H. Bernet, Barcelona, Herder, ²2021, pp. 348-349. *(N. del T.)*

zante–, eso lo puedo hacer yo mismo. Quería simplemente hablar con usted».

¿Qué se supone que debía decirle yo? Me limité a preguntarle: «Dígame una cosa. ¿Qué habría pasado si no hubiera sido su esposa, sino usted, quien hubiese muerto primero?». Y él me dijo: «Pues habría sido terrible para mi esposa. Cuánto hubiera sufrido, la pobre...». Y entonces a mí no me quedaba sino decirle: «Pues, fíjese, querido colega, a su esposa se le ha ahorrado ese sufrimiento, porque convendrá conmigo en que ha sido usted quien se lo ha ahorrado, en la medida en que ahora debe soportarlo usted».

En ese instante se produjo un giro copernicano. Aquel hombre de repente vio en su sufrimiento, en su duelo, el sentido de un sacrificio que él le debía a su esposa. Prefería ser él quien la sobreviviese y la llorase a ella, y no al revés.

Esto es algo paradigmático, es una pura improvisación, un diálogo socrático, podríamos decir.

Pero yo no soy el único que puede hacerlo. Aquí tengo un informe de la doctora Elisabeth Lukas. Es una logoterapeuta que dirige un gran gabinete de orientación en Múnich, y que en un artículo –y luego en un libro– escribe lo siguiente:

«Un matrimonio suizo vino hasta Múnich expresamente para verme. Ya habían ido a ver a seis psiquiatras suizos... sin éxito. Hacía un año que el matrimonio había perdido a su único hijo –y heredero de su granja– en un accidente de tráfico, y desde entonces el hombre había sucumbido a una pasividad total: se había desentendido de la granja, no hablaba con nadie y lo único que a veces decía era que, visto lo visto, ya nada tenía ningún sentido y lo mejor que podía hacer era pegarse un tiro en la cabeza».[9]

«Y allí estaba aquel hombre, con su rostro inmutable, sentado apático frente a mi mesa», escribe la doctora Lukas. Ella sabía que no había nada que pudiera llegarle..., salvo una cosa. Por eso le preguntó: «Dígame: si hubiera algo que usted pudiera hacer todavía por su hijo, ¿estaría dispuesto a hacerlo?». Aquel hombre levantó la mirada y asintió: «Haría cualquier cosa por él». «Pues hay una cosa», prosiguió

9 Elisabeth Lukas, «Psychologie kann auch Trost spenden», *Die Furche* 39/15 (14 de abril de 1983) (https://www.furche.at/meinung/psychologie-kann-auch-trost-spenden-6937904).

la doctora Lukas, «que nadie más que usted puede hacer por él».

«Fíjese: hasta ahora, la muerte de su hijo solamente ha generado desdicha. Usted está enfermo de dolor, la granja está hecha un desastre, su esposa está desesperada. Todo el bien que su hijo quería hacer en vida ha quedado bloqueado con su muerte. Salvo que la muerte de su hijo también genere algo bueno, algo que dé sentido, retroactivamente, a su vida y a su muerte. Pero eso depende de que otra persona continúe ese bien en su lugar. Por ejemplo, su padre...».

«A aquel hombre se le humedecieron los ojos», escribe la doctora Lukas. «¿Cómo puede la muerte de mi hijo generar algo bueno?», susurró. Pero la respuesta tenía que encontrarla él mismo. La doctora Lukas tan solo podía indicarle la dirección, y dijo: «Supongamos que usted devolviese la finca a su esplendor y abriera su casa a caminantes y personas necesitadas. A todos los que preguntasen, maravillados, de dónde saca usted su misericordia, podría contestarles: "Del recuerdo de mi hijo. Se nos fue siendo joven, pero yo quiero que muchas personas se acuerden de él con alegría y gratitud"».

Ante aquellas palabras de la doctora Lukas, el hombre metió la cabeza entre las manos y lloró amargamente durante media hora (por vez primera en un año). Después se puso en pie y ofreció a su mujer el abrigo. «Volvamos a casa», le dijo. «Bastante tiempo hemos perdido ya».

Aquel hombre volvió a la vida. Esta es la historia de una orientación logoterapéutica, de una sesión única, de una conversación única entre la doctora Lukas y aquel hombre.

Pero, volviendo al tema de lo efímero, quizá ahora podríamos decir que vivimos en una sociedad en la que no se busca el sentido de la vida, ni el *valor* de la vida, sino el *valor de utilidad*. Yo he intentado mostrar que el sentido de la vida es algo cuya posibilidad siempre está ahí, hasta el último aliento. Y ahora quisiera mostrar que también el valor de la persona es algo que en ningún momento deja de estar ahí. Sucede exactamente igual: tampoco el valor de la persona deja nunca de estar ahí, porque no depende del valor de utilidad que alguien pueda tener o no tener, sino que se trata de la dignidad, de ese valor absoluto que tiene todo ser humano. Esa dignidad no viene dada por la utilidad que en el momento presente la persona tenga en sentido social, en sentido funcional, sino que viene dada por los valores pasados que la persona creó, puso en el mundo, hizo realidad. Y esa dignidad sigue estando en la persona hasta el último aliento, es indestructible: ya no cabe hacer que desaparezca. Naturalmente que esto hoy, en una sociedad orientada a los logros, cuesta entenderlo; supone algo complicado de asimilar en una sociedad que, en consecuencia, idolatra la juventud. Este tipo de personas tienden a considerar con desdén a una persona mayor que ya no es funcional, que ya no tiene ningún valor de utilidad, lo cual conlleva, por supuesto, unos peligros enormes en términos de salud mental. Imaginemos, en efecto, que una de esas personas, si tiene suerte, llega a vieja. Estará con la moral por los suelos, postrada por un sentimiento de inferioridad, pues se dirá: «Yo ya no sirvo para nada. ¿Cómo podría seguir teniendo sentido mi vida?». Correrá un peligro tremendo de suicidarse, pues habrá perdido la autoestima.

Pero lo que aquí en realidad ocurre es que tales personas, si no fuera por su inconsecuencia —por su inconsecuencia personal—, abogarían por medidas de eutanasia en sentido estrictamente hitleriano. Porque con dicha mentalidad habría que hacer desaparecer a todas las personas seniles, con discapacidad intelectual y dementes —y, si es posible, también a todas las personas estériles—, ya que todas ellas representan, conforme a esta jerarquía de valores, vidas indignas de ser vividas. Y de eutanasia yo puedo hablar con conocimiento de causa: pasé bastante tiempo jugándome literalmente la vida para sabotear la eutanasia del señor Hitler en colaboración con el profesor Otto Pötzl, quien había sido miembro del Partido Nacionalsocialista e hizo causa común conmigo. Entre ambos conseguimos sabotear la eutanasia en centenares de casos. Pero las personas que piensan así, que no reconocen ninguna dignidad como valor humano absoluto, incondicional, sino tan solo el valor de utilidad, el valor de utilidad para con una sociedad aquejada de idolatría, tales personas corren peligro no solo en su futuro —cuando se hagan viejas ellas mismas—, sino también en el presente, porque en rigor deberían abogar por la eutanasia.

Ni siquiera compasión necesitan las personas mayores. De hecho, una persona joven debería envidiar a una persona mayor. ¿Por qué? Pues por una razón muy sencilla. El joven dirá que él tiene posibilidades en el futuro. «Sí, claro; enhorabuena», replicará la persona mayor. «Yo no tengo posibilidades; yo tengo realidades. Pero no en ningún futuro incierto, sino en un pasado que he vivido y que nadie puede robarme ya».

Y con esto regresamos al punto de partida: una persona mayor que piensa así sabe dónde está la clave. Sabe que el sentido de la vida es algo cuya posibilidad siempre está ahí, y que exactamente igual sucede con el valor de la persona. Una persona así se asemeja a un hombre que tiene delante un calendario de pared. Y hay personas que cada día arrancan la correspondiente hoja y van viendo, con melancolía, cómo el calendario va haciéndose más fino diariamente, día tras día. La vida se escurre...

Pero el otro, en el que yo estoy pensando, se asemeja a otro tipo de persona que cada día arranca del calendario de pared la correspondiente hoja, le da la vuelta y hace apuntes en el reverso: qué ha hecho ese día, qué vivencias ha tenido, qué ha conseguido ese día, qué ha soportado quizá valerosamente ese día. Y con orgullo va guardando esos apuntes aparte, exactamente de la forma en que lo hace un viejo. Exactamente de la forma en que ahora *yo* lo hago...

Y les doy las gracias por su atención.